AF220513

Alexandra Cordes-Guth

Gute Gedanken für den Tag – Band 2

Aufblühen

Tagestexte für April - Juni

2. Auflage 2025

© 2021 Alexandra Cordes-Guth
https;//alexandracordes-guth.de
mail@alexandracordes-guth.de

Verlag:
BoD · Books on Demand GmbH, Überseering 33, 22297 Hamburg,
bod@bod.de
Druck: Libri Plureos GmbH, Friedensallee 273, 22763 Hamburg
ISBN: 978-3-7557-2780-4

Covergestaltung: Wolkenart – Marie-Katharina Becker
www.wolkenart.com
Autorenfoto: Lisa Berger

Dieses Buch ist auch als E-Book erhältlich.

Die Gedanken, mit denen wir morgens in den Tag gehen bestimmen darüber, welche Energie uns durch unser Leben begleitet. Das beweisen inzwischen sogar auch die Forschungsergebnisse der Neurobiologie. Deshalb ist es wichtig, mit guten Gedanken in den Tag zu gehen, sie schon morgens ganz bewusst einzuladen und sich auf sie auszurichten.

Mit diesen Tagestexten kannst du deinen Gedanken jeden Morgen eine gute Richtung geben, dich selbst an die Hand nehmen und freundlich und wertschätzend begleiten.

Die Textimpulse sind wie kleine Coachingeinheiten, die zum Nachdenken und Reflektieren einladen. Und sie unterstützen dich dabei, neue Wege und Perspektiven auszuprobieren, die frischen Wind in dein Leben bringen.

Lade jeden Morgen gute Gedanken zu dir ein und du wirst schon bald erleben, wie sich die positive Energie ihren Weg in dein Leben bahnt.

Alexandra Cordes-Guth ist Coach, Therapeutin und Autorin. Sie unterstützt Menschen, die sich mit ihren eigenen Selbstzweifeln im Weg stehen dabei, ihre Stärken und Potenziale zu entdecken und ein gesundes und starkes Selbstbewusstsein zu entwickeln, damit sie ihre Herzensziele in die Welt bringen können. Und: Sie begleitet Menschen auf dem Weg zu einer wunderbaren Freundschaft mit sich selbst.

www.alexandracordes-guth.de

Für meine Geschwister

Natascha und Christian.

Immer verbunden.

April

1. April

Lässt du dein Licht leuchten? Oder stellst du es gerne unter den Scheffel, weil du denkst, dass dir das nicht zusteht oder Anderen nicht gefällt?

Wenn du dein Licht leuchten lässt, wird die Dunkelheit in dir immer weniger und du machst die Welt mit vielen Anderen zusammen heller und leuchtender.

Wo kannst du diese Woche dein Licht leuchten lassen? Und dich selbst und die Welt damit beschenken?

2. April

Welche Farbe möchtest du heute sein, welche Energie von dir in der Welt leuchten lassen?

Ein kraftvolles und energisches Rot, das wärmt und verwandelt?

Ein ruhiges und wohltuendes Grün, das entspannt und Ruhe schenkt?

Ein strahlendes und wärmendes Gelb, das ansteckt und Freude schenkt?

Ein klares und kühlendes Blau, das zentriert und Klarheit bringt?

Du darfst Gestalter deines Lebens sein und den Tag mit deinen Farben malen.

3. April

Ich spüre deinen Schmerz. Öffne mein Herz für dich. Lasse es fließen zwischen uns.

Ich habe keine Erwartungen und keine Lösungen für dich. Das steht mir nicht zu. Damit mache ich dich klein.

So lasse ich dir deine Würde. Und schenke dir das Vertrauen, dass du die Lösung in dir trägst.

4. April

Es gibt Menschen, denen wir uns sofort vertraut fühlen. Mit denen wir von Anfang an etwas teilen.

Vertraue darauf, dass das Leben dir immer wieder solche Seelenbegleiter schickt. Sie werden den Weg zu dir finden. Und dich so weit begleiten, wie es für dich gut und richtig ist.

Und alles Gute zwischen euch bleibt. Auch wenn das Leben eines jeden von euch anders weitergeht.

Welchen Seelenbegleiter hast du im Moment an deiner Seite? Wobei unterstützt er dich? Und wem bist du gerade ein Seelenbegleiter?

5. April

Manchmal stehe ich mir selbst im Weg. Wie ein unüberwindbares Hindernis. Kann mir nichts recht machen. Suche den Ausweg aus mir selbst. Fühle mich fremd in mir.

Da hilft kein gutes Zureden, kein schneller Trost.

Damit da sein dürfen. Das lässt mich durchatmen. Und wieder bei mir selbst ankommen.

6. April

Das Gute annehmen, das Andere in mir sehen. Nicht glauben, dass sie nur mein falsches Ich lieben. Dieses Ich, das es allen recht machen will, sich selbst vergisst und verliert.

Den Anderen hören, wenn er mir Worte der Wertschätzung schenken möchte. Seine Freude an mir mitteilen will.

Nie aufhören, mein Herz für die Wärme des Anderen zu öffnen, die mich über mich selbst hinauswachsen lässt. In mein größeres Ich.

7. April

All-Ein-Sein. Für den Einen ist es das Gefühl der Einsamkeit, des Verlorenseins.

Für den Anderen bedeutet es, mit sich selbst und allem verbunden zu sein. Zu spüren, dass wir immer und überall verbunden sind.

Mit etwas Höherem, einer liebenden gütigen Kraft. Und mit anderen Menschen, die uns begegnet sind und Spuren in uns hinterlassen haben. Spuren des Mitgefühls, des Verständnisses, des Interesses.

Genauso schwingen wir in anderen nach, hinterlassen Spuren in ihnen.

So verbindet sich immer wieder alles und hüllt uns ein. In ein Gefühl des Gehaltenseins. Auch im Alleinsein.

8. April

Dein wahres Selbst wartet darauf, sich in dir
zu entfalten. Vielleicht hast du irgendwann
gedacht, dass die Welt dieses wunderbare
Selbst nicht will. Dich deshalb angepasst
und passend gemacht.

Aber dein wahres Selbst ist immer da.
Und mit jedem Atemzug der Dankbarkeit
und Freude verbindest du dich mit ihm und
machst es wieder sichtbar.

Schenke dir die Gewissheit: Dein wahres
Selbst ist wunderbar.

9. April

Lebst du dein Leben in deinem Tempo oder lebt dein Leben dich? Wenn wir nur auf das reagieren, was wir tun müssen, was von uns erwartet wird, werden wir gelebt.

Aber unsere Aufgabe ist es, ein einzigartiges Leben zu führen. Eins, das uns glücklich macht. Mit dem wir der Welt ein Geschenk machen. In dem unsere Liebe im Fluss ist und die Welt heller macht.

Schnelligkeit, Hektik und Stress führen uns weg von uns selbst und dem, was aus unserem Inneren hinaus in die Welt wachsen und leuchten will.

Mit jeder Atempause wenden wir uns diesem Wunder in uns zu. Und fangen an, wirklich zu leben.

10. April

Dankbarkeit ist nicht nur eine Haltung, die unser Leben verändert. Sie bringt das in uns hervor, was in uns leuchtet und uns einzigartig macht. Und nur von unseren alten Bildern und Vorstellungen über uns selbst verdunkelt wird.

Je öfter wir am Tag einen Moment der Dankbarkeit in unser Leben einladen und bewusst auf das schauen, was unser Leben reicher macht, desto klarer wird, wie einzigartig und wundervoll wir selbst sind.

Es beginnt etwas in uns zu fließen, das uns mit unserer Selbstliebe verbindet und uns Frieden und Zuversicht schenkt.

11. April

Immer wieder keimt Hoffnung in uns auf.
Die Hoffnung, dass unsere Träume sich erfüllen, dass unsere Herzenswünsche Wirk-
lichkeit werden.

Manchmal verursacht das ein Gefühl des
Zweifels – wenn der Verstand sich einschal-
tet und sagt, dass wir diese Hoffnung doch
endlich aufgeben sollten.

Dann haben wir die Wahl, ob wir auf unseren
Verstand hören. Oder auf unser Herz und
unsere Intuition. Die so viel weitersehen können, als der Verstand es kann.

Die wie stille Begleiter immer an unserer
Seite sind. Uns helfen, wieder aus der Hoff-
nungslosigkeit aufzutauchen.

Und uns dabei begleiten, unsere Herzensziele in unser Leben und die Welt wachsen
zu lassen. Durch alle Hindernisse und Zwei-
fel hindurch.

12. April

Menschen enttäuschen uns. Daran führt kein Weg vorbei. Und wir enttäuschen Andere.

Wir können nicht alle Erwartungen erfüllen. Müssen vor allem uns selbst treu bleiben. Und den Wandel des Lebens und des eigenen Seins als Teil unseres Menschseins annehmen.

Veränderung ist jetzt. In diesem Moment. Alles kann sich jeden Tag ändern. Auch wir selbst.

Wir können nur in diesem Moment entscheiden, was sich richtig anfühlt. Was uns und dem Anderen dient.

Und uns auf das Abenteuer des Weges, der vor uns liegt, einlassen. Uns immer wieder erlauben, die Richtung zu ändern. Um in Liebe bei uns selbst anzukommen.

13. <u>April</u>

Mut haben und Schritte gehen, die dir zu groß erscheinen. Auf dein Herz hören und den Verstand für einen Atemzug verstummen lassen.

Erkennen, dass dein Weg vor dir liegt. Auch wenn das Ziel nicht immer sichtbar ist.

14. <u>April</u>

Im Tosen des Alltags nicht untergehen.
Der leisen, liebevollen Stimme in dir zuhören
und lauschen.

Damit sie etwas in dir ins Schwingen bringt.
Und du dir selbst immer wieder dein Herz
öffnen kannst.

15. <u>April</u>

Das Unerwartete geschehen lassen. Den freundlichen Blick, das echte Interesse, das Glück im kleinen Augenblick.

Dem unvorstellbaren Wunder den Weg bahnen. Tag für Tag mit deinen Gedanken.

Deine Begrenzungen auflösen und hineinwachsen in eine große Verbundenheit mit dem, was schon ist. Und noch kommen will.

16. Aprilu

Sich selbst vertrauen. Der kraftvollen Energie, die sich den Weg bahnt, und den mutigen Gedanken öffnen, die etwas Neues erschaffen wollen.

Die kritischen Stimmen leiser werden lassen. Die Luftblasen der Freude und Neugier aus den Tiefen deines Seins auftauchen lassen.

Dich dem anvertrauen, was aus dir heraus in die Welt will.

17. <u>April</u>

Unser Körper ist ein Wunder. Ganz unbemerkt funktioniert er Tag für Tag. Meist achten wir nur auf ihn, wenn wir Schmerzen haben.

Es tut gut, seinem eigenen Körper Wertschätzung zu schenken, ihn dankbar und mit Freude wahrzunehmen. Einfach dafür, dass es ihn gibt und wir in ihm zu Hause sein dürfen.

18. <u>April</u>

Hast du manchmal traurige Zeiten und Momente? Für mich gehören sie zu meinem Leben dazu.

Und inzwischen weiß ich, dass in meinen Traurigkeiten meist ein Geschenk verborgen ist. Eine tiefe Verbindung zum Leben und zu dem, was mich wachsen lässt.

Wenn wir den Mut haben, uns Zeit und Raum für unsere Traurigkeiten zu nehmen, dann geschieht Verwandlung. Und eine neue Kraft bahnt sich in uns ihren Weg.

19. <u>April</u>

Jeden Tag neu anfangen. Auftauchen aus dunklen Gedanken und Sorgen. Sich trauen, an den eigenen Weg zu glauben und an das Gute, das auf uns wartet.

Sich durch alte Enttäuschungen hindurch-atmen. Durch sie hindurchtauchen in die Weite des Ozeans der Liebe.

20. April

Das Leben ändert sich, wenn wir nicht mehr gegen unsere Dunkelheiten ankämpfen, sondern uns dem Licht zuwenden.

An manchen Tagen scheint es wie erloschen. Aber es ist nur verdeckt durch unsere Gedanken und Gefühle.

Mit einem Moment der Dankbarkeit und des Loslassens können wir den ersten hellen Schimmer erkennen. Und uns von ihm wärmen lassen.

21. <u>April</u>

Manchmal trifft uns Kritik wie eine Ohrfeige.
Hallt in uns nach, wir fühlen uns beschämt
und unvollkommen. Danach kommt meist
die Wut und der Ärger über den Anderen,
der uns so bewertet und beurteilt.

Was wir in diesen Momenten als Erstes
brauchen? Den fürsorglichen Teil in uns, der
tröstet und ermutigt, uns daran erinnert,
dass die Kritik nur ein winziger Punkt am
Nachthimmel des Universums ist.

Und dass daneben abertausend Sterne fun-
keln. Die wir mit unserer Einzigartigkeit zum
Leuchten gebracht haben.

22. April

Es ist wunderbar, sich mit anderen Menschen verbunden zu fühlen. Die feine Energie zu spüren, die ins Schwingen kommt, wenn wir uns ehrlich und offen begegnen.

Wenn wir uns zeigen mit unseren Ängsten, unserer Scham, unseren Verletzungen.

Aber auch mit unseren Hoffnungen, mit unseren Stärken und der ganz besonderen Geschichte unseres Lebens.

In der andere Menschen vielleicht ein Stück von sich selbst erkennen können.

Sich nicht mehr länger allein fühlen mit seinem Schicksal. Trost finden und der Hoffnung wieder Raum geben, dass der Weg weitergehen wird. Hand in Hand mit vielen Anderen.

23. <u>April</u>

Das größte Geschenk, das wir uns selbst machen können, ist Stille.

Damit wir uns selbst begegnen können und uns wieder mit uns selbst verbinden.

Damit wir nicht im Lärm unserer Gedanken und dem Tosen der Welt verlorengehen.

Schenke dir heute fünf Minuten Stille - nur für dich.

24. April

Immer wieder gibt es im Leben Situationen, in denen wir uns fragen, wie es jetzt weiter-gehen soll.

Meist taucht dann auch die Angst auf, dass es schlimmer wird, wir Verletzungen und Enttäuschungen erleben werden.

Dann dürfen wir uns daran erinnern, dass alles gut wird.

Weil die Quelle und der Ursprung von allem die Liebe ist.

Was hilft dir, dich in schwierigen Situationen an den Ursprung der Liebe zu erinnern?

25. <u>April</u>

Musst du auch manchmal vor Freude und Dankbarkeit weinen?

Unter allem Schmerz, aller Trauer warten diese beiden Gefühle immer wieder auf uns.

Sie sind Teil der großen Quelle: der Liebe.

Sie lassen sich nicht vertreiben oder auflösen. Immer wieder finden sie den Weg zu uns. Und berühren uns tief im Herzen.

Weil wir dann erkennen können, dass wir selbst und die Welt voller Wunder sind. Und alles von einer höheren Kraft gehalten wird.

26. Aprıl

Wenn ich Licht sein will, brauche ich den Mut, meinen Schatten zu umarmen. Ihn als Teil von mir ins Herz zu schließen.

Solange ich meine Schatten verbanne und ablehne, kann mein Licht nicht wirklich leuchten.

Wahre Vollkommenheit schließt beides ein. Und lässt das Dunkle immer heller werden.

27. <u>April</u>

Manchmal treffen uns Worte von anderen Menschen wie Pfeile mitten ins Herz. Verletzen uns, reißen alte Wunden auf.

Aber es ist nicht der Andere, der uns verletzt. Es sind wir selbst, weil wir uns immer wieder neu infrage stellen. Der Stimme in uns glauben, die uns sagt, dass wir nicht gut genug sind. Uns ertappt fühlen mit unserer Schwäche und Verletzlichkeit.

Wir können diese Pfeile selbst verwandeln. In Heilung für die Wunden, die unsere Liebe und unser Mitgefühl brauchen.

28. April

Sich ausliefern der eigenen Ohnmacht, dem tiefsten Schmerz, den Schatten und Dunkelheiten. Die eigenen Abgründe mutig anschauen und erfühlen.

Ein Stück hinabstürzen - um dann Halt zu finden. Im eigenen Herzen, in der Verbindung mit den Teilen in uns selbst, die zu unserem innersten Kern gehören.

Die verbunden sind mit bedingungsloser Liebe, die nicht bewertet und beurteilt.

So verwandeln sich auch unsere tiefsten Abgründe in Wege zu uns selbst.

29. <u>April</u>

Das Loslassen fordert uns immer wieder neu heraus. Scheint wie eine unlösbare Aufgabe zu sein. Verursacht Schmerz und Widerstand.

Aber vielleicht wird vieles kostbarer, wenn wir bereit sind, Vergänglichkeit als ständigen Prozess der Wandlung anzuerkennen.

Das, was gut war, bleibt ein Teil von uns, auch wenn es vergeht.

Wollen wir es festhalten, verliert es seine Kraft und Lebendigkeit.

Denn lebendig sein heißt, dass wir uns und Anderen erlauben, uns zu verändern. In verschiedene Richtungen zu wachsen und doch durch das, was war, verbunden zu bleiben.

30. Apr<u>il</u>

Hast du eine Berufung in deinem Leben? Etwas, was dich mit deinem ganzen Sein ruft und herausfordert, deine Leidenschaft weckt?

Immer wieder ruft das Leben uns, gibt uns die Möglichkeit, unsere wahre Größe zu entfalten.

Wir können entscheiden, ob wir weiter in der Knospe verharren, und das scheinbare Risiko des Erblühens nicht auf uns nehmen wollen.

Oder ob wir uns Raum nehmen und sichtbar werden. Damit Teil werden im unglaublichen Wachstum des Lebens.

Mai

1. Mai

Manchmal ist das Glück, das zu uns kommt, zu groß für uns. Wir haben es uns lange gewünscht, darauf gewartet, dass es auftaucht.

Und dann fragen wir, ob wir es wirklich verdient haben – das Glück.

Oft ist das bekannte und vertraute Unglück leichter auszuhalten.

Aber immer wieder werden wir aufgefordert, in unser größeres Ich hineinzuwachsen. Den Mut zu haben, das Glück mit beiden Händen zu greifen, es durch unser Leben fließen zu lassen.

Und die Angst zuzulassen, dass es uns wieder verlassen könnte. Darauf zu vertrauen, dass dieser Glücksmoment für immer bleibt – in uns und unseren Herzen.

2. Mai

Unsere Schmerzen sind wie Wegweiser zu uns selbst. Sie bringen Themen an die Oberfläche, die vorher nicht greifbar waren.

In ihnen ist der Weg der Heilung schon angelegt.

Wenn wir unserem Schmerz offen begegnen, den Mut haben, in ihn einzutauchen und seine Botschaft zu empfangen, dann geschieht Heilung.

3. Mai

Wer in sich den Wunsch spürt, authentisch und in Fülle zu leben, hat die spannende Aufgabe, sich wieder neu mit seiner Intuition zu verbinden.

Auf ihre leise, liebevolle Stimme zu hören. Die oft unter der lauten und dominanten Stimme des Verstandes untergeht.

Der erste Schritt in diese Verbindung ist ganz einfach: Wenn du dir innerlich eine Frage stellst, darfst du immer dem ersten Impuls vertrauen, der sich in dir meldet.

Schenk deiner Intuition heute Raum und stelle ihr eine kleine Frage. Höre achtsam auf ihre Antwort – und vertraue dem, was kommt.

4. Mai

Das Mitgefühl anderer Menschen ist wie eine Wolke aus Licht, die die dunklen Stellen auf unseren Herzen heller macht.

Stellen, die verletzt wurden durch Kritik, strenge Bewertungen und unsere eigene Scham.

Das Licht des Mitgefühls umhüllt und heilt sie. Unsere Verletzlichkeit wird so zu einem liebenswerten Teil von uns selbst. Und einem Weg der Verbundenheit.

5. Mai

Auf dem Grund unserer Seele warten noch viele Wünsche und Träume darauf, gelebt zu werden.

Sie sind wie kleine Samenkörner, die Wärme und Licht brauchen, damit ihr Wachstum beginnt.

Immer wieder klopfen sie in uns an, wollen gehört und gefühlt werden. Möchten sich in uns verwurzeln und Stück für Stück in unser Leben wachsen.

6. Mai

Stell dir vor, dass du Wurzeln hättest. Die aus deinen Füßen bis tief in die Erde reichen. Durch die eine nie versiegende Kraft in deinen Körper fließt.

Die Kraft der Erde, die alle Pflanzen nach dem Winter wieder wachsen lässt. Die alles zum Blühen und Reifen bringt.

Wenn diese Kraft in dir fließen dürfte, was sollte dann in deinem Leben aufblühen und Früchte tragen? Wofür würdest du dir mehr Energie wünschen?

7. Mai

Scham und Schuldgefühle – diese zwei lähmen, machen uns klein und dienen niemand.

Viele Menschen haben sie als Kinder in sich verankert, weil sie das Gefühl hatten, fehlerhaft zu sein.

Sie sind deshalb in einem Grundgefühl von Scham gefangen. Sobald sie denken, dass sie einen Fehler gemacht haben, erstarren sie. Werten sich ab. Werden handlungsunfähig.

Wer wahrnehmen und spüren kann, dass diese Gefühle wie ein schleichendes Gift sind, kann sich aus ihnen befreien. Dazu braucht es den Mut zu erkennen, dass durch unsere Fehler und unser Versagen trotzdem unser Licht scheinen darf.

Und wir uns gerade dann besonders daran erinnern dürfen, dass die bedingungslose Liebe uns selbst gegenüber unser Geburtsrecht ist. Jeden Tag neu.

8. Mai

Welche Sorgen und Ängste haben sich in den letzten Monaten als unbegründet herausgestellt?

Nimm wahr, wie oft diese Ängste unbegründet sind und schenke dem Leben und seinem liebevollen Wirken mehr Vertrauen.

9. Mai

Wenn wir keine Freude in uns spüren, können wir sie in uns wachrufen und erwecken.

Indem wir unseren Fokus auf das Gute in unserem Leben richten und Dinge tun, die uns lebendig sein lassen.

Wir können singen, einen anderen Menschen umarmen, einen Spaziergang machen, im Sommerwind schaukeln, in Meereswellen springen, dem Gesang eines Vogels voller Staunen zuhören.

Unser Herz sagt uns, wo die Freude wohnt. Und wir müssen einfach nur den nächsten Schritt dorthin gehen.

Welche Freude kannst du dir heute selbst machen? Andere Menschen damit anstecken und an die Leichtigkeit des Lebens erinnern.

10. <u>Mai</u>

Viele Menschen wünschen sich Harmonie und möchten, dass es allen gut geht. Sie tun alles dafür, die Bedürfnisse der Anderen zu erspüren und ihnen das Leben so angenehm wie möglich zu machen.

Dabei vergessen sie sich immer mehr selbst. Sie entwickeln ein Ich, das sich selbst verleugnet, sich selbst vergisst. Und glauben irgendwann, dass sie nur gemocht und geliebt werden, weil sie für andere da sind. Es allen Recht machen, sich anpassen, ihre eigenen Bedürfnisse nicht mehr spüren.

Der eigene Raum wird immer kleiner. Das eigene Ich tritt in den Hintergrund und verblasst.

Aber jeder Mensch hat in erster Linie die Aufgabe, gut für sich selbst zu sorgen. Um so in seiner Kraft zu sein und sein wahres, wunderbares Ich in die Welt zu bringen. Nicht das, von dem sie glauben, dass es die Anderen wollen und brauchen.

11. Mai

Intuition heißt, den eigenen Impulsen zu vertrauen, die wie aus dem Nichts in uns auftauchen.

Für die meisten Menschen ist der Verstand die große Sicherheit in ihrem Leben. Bis sie entdecken, dass der Verstand ein guter Planer ist.

Aber kein weiser Ratgeber für Herzensziele und Visionen.

12. <u>Mai</u>

Heil werden heißt, an den eigenen Schmerzen und Brüchen zu wachsen.

Heilung geschieht da, wo wir den Weg zurück in unsere Mitte finden. In unser wahres Bewusstsein der bedingungslosen Liebe.

13. <u>Mai</u>

Welche Gedanken, Aktivitäten, Umgebungen und Menschen schenken dir das Gefühl, dass du durchatmen und aufblühen kannst?

Wie kannst du heute etwas von dieser Energie in dein Leben holen?

14. <u>Mai</u>

Wachstum geschieht meist da, wo wir herausgefordert werden, uns unseren schwierigen Gefühlen zu stellen.

Konflikte sind Herausforderungen, die diese Gefühle mit sich bringen und uns Wachstum schenken können.

In denen wir über uns selbst und alte Überzeugungen und Begrenzungen hinauswachsen.

15. Mai

Wie wäre es, wenn du heute den Blick auf die Wunder in deinem Leben und um dich herum richtest?

Was könntest du entdecken, was wird dir dadurch bewusst?

Es gibt so viele Wunder-volle Momente in unserem Leben.

Begegnungen mit Menschen, die unser Herz berühren. Der Baum, der nach dem Winter seine Knospen in den Frühlingshimmel streckt und darauf wartet, seine Blätter wieder zu entfalten. Das Vogelgezwitscher am Morgen, das daran erinnert, dass das Leben immer wieder neu erwacht.

Schenke dir die Erkenntnis, dass auch im eigenen Leben schon viele kleine und große Wunder geschehen durften, an die du dich heute in Dankbarkeit erinnern darfst.

Was sind die Wunder in deinem Leben?

16. <u>Mai</u>

Schön, dass es dich gibt!

Nimm diesen Gedanken heute für dich in dein Herz und lass ihn dort wachsen wie ein zartes Pflänzchen, das sich gerne in dir ver-wurzeln möchte.

Was würde sich in deinem Leben ändern, wenn du diesen Gedanken Raum nehmen lässt? Welcher Gedanke dürfte dafür gehen?

17. Mai

Inneres Wachstum geschieht in der Stille.
Oft glauben wir, dass Wachstum geschieht,
wenn wir möglichst aktiv werden.

Aber Wachstum geschieht von innen nach
außen.

Wenn wir den inneren Prozessen Raum geben und sie nicht durch zu viel Aktivität und
zu viele Gedanken und Bewertungen stören,
geschehen sie auf wunderbare Weise ganz
von selbst.

Sage dir: Ich lasse geschehen. Ich darf sein.
Ich öffne mich der Freude und vertraue dem
Fluss des Lebens.

18. <u>Mai</u>

Was kannst du heute tun, um den Menschen um dich herum zu zeigen, dass du dich liebst?

Sich selbst zu lieben ist die wichtigste Aufgabe in unserem Leben. Wer sich selbst liebt ist wie ein Leuchtturm im Meer des Lebens.

Der Anderen Mut macht, dass sie die großen und kleinen Stürme in sich selbst überstehen können.

Und mit seinem inneren Licht der Selbstliebe daran erinnert, dass in jeder Nacht der Anfang eines neuen Tages wartet.

19. Mai

Die größte Offenbarung ist die Stille. In ihr steigt unser ureigenster Ton in uns auf, der alles in uns schwingen lässt. Der Kreise zieht und alles von innen heraus in Bewegung bringt.

Wie viel Stille in deinem Leben schenkst du dir? Was hält dich davon ab?

20. Mai

Die Akzeptanz der Langsamkeit ist eine große Herausforderung.

Gerade an Tagen, an denen wir uns unter Druck fühlen, Gedanken über all das machen, was noch zu tun ist. Und von dem wir das Gefühl haben, es vielleicht nicht bewältigen zu können.

Dann dürfen wir erkennen, dass wir nur den gegenwärtigen Moment haben.

Und wenn wir uns erlauben, ganz in ihm aufzugehen, tritt die Geschäftigkeit der Gedanken in den Hintergrund, verstummt und macht Raum.

Für den heilsamen Rhythmus des Lebens in uns.

21. <u>Mai</u>

Wenn du dich jeden Tag, jede Stunde, jede Minute so lieben könntest, wie du bist, was würde sich in deinem Leben ändern?

Wie würdest du dich fühlen, welche Gedanken könntest du gehen lassen? Welche Schritte in deinem Leben gehen, die du schon lange gehen wolltest?

Der erste Schritt in diese bedingungslose Selbstliebe ist die Erlaubnis dazu.
Keine Bedingungen, keine Voraussetzungen.

Du darfst einfach damit anfangen.
Tu es jetzt!

Erlaube dir selbst, dich bedingungslos zu lieben. Das ist der Beginn einer heilsamen Reise zu dir selbst.

22. <u>Mai</u>

Gibt es in dir noch etwas, was sich entfalten möchte? Ein Wunsch, eine Fähigkeit, eine Seite an dir, die noch keinen Platz in deinem Leben hat?

Vielleicht findet dein Verstand immer wieder Gründe, warum es nicht funktionieren wird. Das ist nicht der Boden, den du für deine Entfaltung brauchst.

Vertraue darauf, dass es einen Bauplan in dir gibt. Und dass etwas Größeres in dir schon jetzt weiß, in welchen Schritten sich das Verborgene in dir den Weg ins Außen sucht.

So wie es die Natur dir jeden Tag zeigt. Und auf geheimnisvolle Weise immer Neues entfaltet und zum Wachsen bringt. Genau diese Kräfte gibt es auch in dir. Sei wie die Knospe, die weiß, dass ihr Tag kommen wird. Und jeden Schritt ihres Wachstums in Freude begrüßt.

23. Mai

Veränderung ist immer ein Prozess. Und
fühlt sich nicht immer einfach an.

Wo bist du gerade dabei, etwas in deinem
Leben zu verändern - und wie sehr fordert
es dich heraus?

24. <u>Mai</u>

Demut hat mit Mut zu tun. Mit dem Mut, sich etwas Größerem unterzuordnen und uns selbst nicht mehr so wichtig zu nehmen.

Demut ist eine Verneigung vor dem Schicksal und seinen Gesetzen, die sich dem Verstand oft nicht erschließen.

25. Mai

Unsere Welt scheint aus einer Energie der Machbarkeit zu bestehen. Wir können manifestieren und visualisieren, unsere Stärken und Potenziale entdecken und Ziele und Visionen in die Welt bringen.

Dabei vergessen wir oft, dass hinter all dem ein Geheimnis liegt, das sich uns immer wieder neu eröffnet: geschehen lassen.

Denn es ist nicht alles machbar und planbar. Sondern auch Geschenk und Gnade.

26. <u>Mai</u>

Lass deine Gedanken heute fliegen.
Über das gewohnte Denken hinaus.

Gehe neue Wege und lass dich überraschen, was dort auf dich wartet.

Sei verrückt und wechsle die Perspektive.
Und mache dein Leben bunter und größer.

27. <u>Mai</u>

Jede Sekunde deines Lebens ist kostbar und einzigartig. Nur du erlebst sie mit deinen Eindrücken und Erfahrungen. Nur du füllst sie mit deiner Aufmerksamkeit und deinen Gedanken.

Tauche ein in den Fluss der Zeit und schenke jeder Sekunde und jeder Minute in deinem Leben dich selbst.

Mache sie unverwechselbar und einzigartig. Durch dein bewusstes Sein. Und die Dankbarkeit, dass du sie geschenkt bekommst.

28. <u>Mai</u>

Wann hast du das letzte Mal den Menschen, die du liebst, deine Wertschätzung gezeigt?

Dir bewusst Zeit für sie genommen, ihnen für etwas gedankt oder sie mit etwas überrascht?

Wem könntest du heute deine Wertschätzung zeigen?

29. <u>Mai</u>

Bist du bereit, die Verantwortung für dein
Leben zu übernehmen?

Deine Antworten in dir zu suchen und zu finden und sie nicht mehr von anderen Menschen zu erwarten?

Verantwortlich zu sein heißt, sich als Gestalter der vielen Möglichkeiten in seinem Leben
zu sehen.

Vor allem zu erkennen, dass auch aus dem
Schwierigen und Schmerzlichen etwas Gutes in uns entstehen kann.

30. <u>Mai</u>

Den meisten Menschen fällt es leicht, über ihre Schwächen zu sprechen. Über das, was sie nicht gut können, wo sie sich unzureichend fühlen.

Dabei ist es viel heilsamer und hilfreicher, den Blick auf seine Stärken zu richten, sie bewusst wahrzunehmen und stolz auf sie zu sein.

Damit ermöglichen wir uns selbst liebevolles Wachstum. Zu unserem Wohl und auch zum Wohl vieler anderer Menschen.

Denn diese Welt braucht Menschen, die ein gesundes und liebevolles Selbstbewusstsein haben, damit sie andere damit begeistern und anstecken.

Fang deshalb heute an, den Blick auf deine Stärken zu richten.

31. Mai

Jede Beziehung spiegelt etwas von uns selbst. Licht und Schatten. Unsere Sehnsüchte, Hoffnungen, Ängste und Befürchtungen werden im Spiegel der Anderen sichtbar.

Wenn wir sie zu uns nehmen und nicht unser Gegenüber dafür verantwortlich machen, verbinden wir uns mit unserer Schöpferkraft.

Wir öffnen die Tür der Veränderung in uns. Sind Gestalter unseres Lebens. Und keine Opfer mehr.

Juni

1. Juni

Je mehr wir Dinge so lassen können, wie sie sind, desto leichter wird unser Weg.

Geschehen lassen und dem vertrauen, was auf uns zukommt.

Loslassen und Raum schaffen für das, was wirklich wichtig ist.

Zulassen, dass das Leben uns beschenken möchte. Einfach weil es uns gibt. Und weil wir ein Geschenk für die Welt sind. So wie wir sind.

2. Juni

Welche Energie schenkst du dir selbst für heute?

Je mehr wir uns unserer selbst bewusst werden, desto mehr können wir auch entscheiden, wer wir sein wollen.

Wir erkennen, wie viel Kraft und Potenzial wir in uns haben - und dass wir nicht von anderen Menschen abhängig sind. Was für ein unglaublicher Schritt in die eigene Freiheit!

Lenke deine Gedanken und damit auch deine Energie bewusst in die Richtung, die du dir für dein Leben wünschst. Und lass dich überraschen, welche kleinen und großen Wunder dadurch in deinem Leben geschehen können.

Wenn du magst, dann sage dir: Ich wähle heute Zuversicht und Gelassenheit als Energie.

3. Juni

Lass die Anderen, wie sie sind – denn verändern können wir immer nur uns selbst.

Achte darauf, wie oft du den Impuls hast, den Anderen verändern oder anders haben zu wollen.

Und lass dann einfach los und komm wieder bei dir selbst an. Und schenk dir damit selbst Freude und Leichtigkeit.

4. Juni

Viele Menschen können schwer etwas annehmen, sie haben Angst, etwas schuldig zu
bleiben.

Oder haben es einfach nicht gelernt, dass
sie etwas nehmen dürfen, ohne sofort etwas
zurückzugeben.

Es ist wichtig, auch mal der Nehmende zu
sein - und es von Herzen zu nehmen, ohne
gleich ans Zurückgeben zu denken.

Wie leicht fällt es dir, etwas von Anderen aus
vollem Herzen anzunehmen?

5. Juni

Auch unsere Seele ist in einem immerwäh-
renden Wachstumsprozess.

Was braucht deine Seele gerade, um zu
wachsen?

Was kannst du tun, damit sie mehr Raum be-
kommt?

Wie kannst du ihr Flügel der Freude geben?

6. Juni

Das Leben besteht aus der Kunst des Loslassens und des Fokussierens. Beides im
Wechsel.

In welche Richtung möchtest du heute deine
Energie lenken?

Wo möchtest du etwas loslassen und neuen
Raum schaffen?

7. Juni

Beziehungen sind immer im Wandel. Wenn wir den Zustand einer Beziehung festhalten wollen, erstarrt sie, wird unlebendig und un- echt.

Tiefe Beziehungen einzugehen, heißt immer auch, sich auf das Risiko der Veränderung und des Abschieds einzulassen.

Den Anderen ins Herz zu schließen und im- mer wieder loszulassen, damit er seinen Weg auf seine Weise gehen kann.

Damit wir frei bleiben für die eigene Entwick- lung und die Wunder der Veränderung. Den Aufbruch in das eigene Wachstum.

8. Juni

Unser Gehirn ist darauf ausgerichtet, Probleme zu erkennen. Deshalb ist es ganz natürlich, dass wir den Fokus immer wieder darauf richten.

Für ein gesundes und starkes Selbstbewusstsein brauchen wir aber einen anderen Blick: Auf das, was wir gut machen, was uns gelungen ist, worauf wir stolz sein können.

Schreibe auf: Worauf bist du gerade stolz, was war gut, was hat du geschafft? Und stärke so dein Selbstbewusstsein.

9. Juni

Nichts prägt unser Leben so wie unsere Kindheit.

Sich der eigenen Kindheit bewusst zu sein ist ein guter Schritt für ein gesundes und starkes Selbstbewusst Sein.

Welcher Gegenstand aus dieser Zeit begleitet dich, was verbindest du mit ihm? Was erzählt er dir über das Kind von damals?

10. Juni

Viele Menschen versuchen, ihre Gefühle zu verstehen und zu interpretieren. Sie möchten sie in den Griff bekommen und kontrollieren.

Aber Gefühle wollen gefühlt werden. Dann können sie wie ein Fluss durch uns hindurchfließen, uns erfrischen und den Boden in uns lebendig halten.

Ohne sie vertrocknet etwas in uns.
Wird starr und hart. Und der Schmerz der Gefühllosigkeit legt sich auf unser Herz.

Alle Gefühle, die wir mit Liebe betrachten, tauchen uns ein in unsere Lebendigkeit.

11. Juni

Mit unseren Gedanken bestimmen wir unser Leben. Wir haben es selbst in der Hand, welche Farbe sie unseren Tagen geben.

Wir können graue Gedanken wählen oder uns für frühlingsgrüne oder kraftvoll rote entscheiden.

Was hilft dir, deine Gedanken bewusst auszuwählen? Welche Übungen und Rituale nutzt du dafür?

12. <u>Juni</u>

Auf wen oder was freust du dich diese Woche am meisten?

Atme bewusst in dein Herz und gib dieser Freude in deinem Körper Raum. Und spüre, wie sie sich sanft und kraftvoll ausbreitet.

13. Juni

Wenn ich mit mir selbst gütig umgehe, kann ich auch mit anderen gütig umgehen.

Wer gütig ist, verzeiht Schwächen und Fehler und meint es gut mit sich und anderen Menschen.

Güte kommt aus der Mitte unseres Herzens. Und ist eine wundervolle Form der Weisheit.

14. <u>Juni</u>

Die Energie folgt der Aufmerksamkeit.
Worauf hast du heute früh deine Aufmerksamkeit gerichtet? Auf die ersten Gedanken,
die sich melden - oder etwas, das du bewusst in dein Denken eingeladen hast?

Ich spreche morgens oft gleich diese kurze
„Liebevolle-Güte-Meditation":

Möge ich sicher sein
Möge ich glücklich sein
Möge ich gesund sein
Möge ich unbeschwert leben

Nimm dir heute eine Minute nur für dich –
und lies dir die Meditation dreimal laut vor.

Und spüre nach, welche Energie dich danach durchströmt.

15. Juni

Du bist der wichtigste Mensch in deinem Leben - ist dir das gerade bewusst?

Was könntest du dir heute Gutes tun, womit ein bisschen verwöhnen und dir liebevolle Aufmerksamkeit schenken?

16. Juni

Was tust du für dein inneres Wachstum?

Fällt es dir leicht, es geschehen zu lassen, darauf zu vertrauen, dass sich etwas Zartes in dir seinen Weg bahnt, das bald Früchte tragen wird?

Ich verwurzle mich immer wieder neu in mir und verbinde mich mit dieser inneren Kraft.

Und ich bin mir sicher, sie wird genau zum richtigen Zeitpunkt ihre Kreise in meinem Leben ziehen.

17. Juni

Dankbarkeit ist eine unglaubliche Kraft. Und sie stärkt unser Selbstbewusstsein und schenkt uns neue Kraft.

Gerade, wenn du vielleicht das Gefühl hast, dass dir nicht nach Dankbarkeit zumute ist, kann dieser Perspektivwechsel dir gut tun.

Wofür bist du heute dankbar?

18. <u>Juni</u>

Viele Menschen, die sehr unbewusst durch ihr Leben gehen, spüren nicht mehr, was ihnen eigentlich gut tut. Sie funktionieren, so gut es geht, und verlieren sich dabei immer mehr selbst.

Ein wichtiger Schritt für mehr gesundes Selbstbewusstsein: Spüre, was dir gut tut, was dir Freude macht, wobei dein Körper sich entspannt.

Sei ein Sammler der Freudenmomente in deinem Leben. Und lass sie immer öfter darin auftauchen.

19. Juni

Scheitern ist ein wichtiger Teil des Lebens.
Dann ist unser Mut gefordert. Der Mut zum
Weitergehen und zum Weitermachen.

Jeder Schritt nach dem Scheitern schenkt
uns Wachstum und Stärke. Stärkt die Fähigkeit, dass, was hinter uns liegt, loszulassen.

Und dem zu vertrauen, was noch kommen
wird.

20. Juni

Der Körper ist ein Zuhause und ein Übersetzer für deine Seele. Jeder Gedanke wirkt sich als Schwingung auf ihn aus. Jedes Gefühl wird durch ihn spürbar.

Nimmst du dir ausreichend Zeit, um seine Botschaften zu hören und zu verstehen?

21. Juni

Sich mit anderen Menschen zu vergleichen, ist wie der Blick in trübes, dunkles Wasser.

Er zieht herunter, lässt das wahre Bild von uns selbst verblassen und verschwommen werden.

Jeder Mensch ist unvergleichlich. Trägt ein Universum an Möglichkeiten und Erfahrunten in sich, die sonst niemand hat.

Deshalb ist es so viel heilsamer, in sich selbst einzutauchen, in die eigene innere Klarheit. Und dort immer mehr zu erkennen, wer wir wirklich sind.

22. <u>Juni</u>

Es gibt Dinge, die wir gerne verwirklichen würden. Träume, die endlich gelebt werden wollen.

Viel zu oft steht zwischen uns und ihnen unsere Perfektion. Die Angst, nicht gut genug zu sein.

Dann ist es gut, den einen Schritt zu wagen: Das Unperfekte lieben zu lernen. Und die Lebendigkeit des Lebens groß und größer werden zu lassen.

23. Juni

Nimmst du dir manchmal Zeit, um den roten Faden in deinem Leben zu finden? Deinen ganz eigenen roten Faden, der sich immer wieder durch deine Höhen und Tiefen hindurchzieht.

Der sichtbar macht, wie einzigartig du bist. Der zeigt, was dich von innen heraus antreibt und wofür du dich begeisterst.

24. <u>Juni</u>

Welche Menschen in deinem Leben geben dir das Gefühl, dass sie Verschüttetes in dir freilegen?

Die erkennen, wie du aus deinem Inneren heraus leuchtest und strahlst?

Und wem kannst du ein solcher Mensch sein?

25. Juni

Ein Nein auszusprechen, eine Grenze zu setzen, scheint manchmal so zu sein, als ob man einen großen Stein versetzen müsste.

Aber immer wieder müssen wir diesen Stein des scheinbaren Anstoßes in uns in Bewegung bringen.

Unsere eigenen Grenzen deutlicher spüren und sichtbar werden lassen.

Sonst fühlen wir uns grenzenlos verloren in uns selbst.

26. Juni

Es gibt viele Wege, die nur beim Gehen entstehen. Auf denen wir einen Schritt nach dem anderen machen müssen, auch mit der Angst, dass es eine Sackgasse ist. Oder wir an einem Abgrund stehen werden.

Das Weitergehen ins Ungewisse lässt uns an uns selbst wachsen. Alte Begrenzungen lösen sich dabei auf und schenken uns ein Gefühl von Weite.

Und am Ende des Weges kommen wir bei uns selbst an. In unserer vollen Größe.

27. Juni

Sommerleichtigkeit in dein Leben einladen.

Den sanft leuchtenden Sonnenaufgang in deine Gedanken fließen lassen.

Die lauen Abende mit ihren Glitzermomenten genießen.

Und einfach spüren, dass du Teil des großen Wunders des Lebens bist.

28. Juni

Wenn du eine Landschaft wärest, wie würdest du wohl aussehen? Welche Tiere und Pflanzen würden dort ein Zuhause finden, welche Gewässer in deiner Nähe sein?

Stell dir vor, wie der Himmel über dir aussehen würde. Und wie Sonne und Mond über dir aufgehen und ihr Licht über dir leuchten lassen.

Wärst du gerne eine Ebene mit weiten Wiesen und Feldern? Oder lieber ein Gebirge mit Tälern und Höhen?

Lass vor dir die Landschaft deiner Seele entstehen. Und erkenne in ihr deine inneren Schätze.

29. Juni

Es gibt immer so viel mehr Wege zu einem Ziel, als wir denken.

Indem wir uns verbissen auf einen festlegen, bringen wir uns um neue Erfahrungen, an denen wir wachsen können.

Halte immer wieder inne und schau auf die Wege, die du gerade gehst.

Und frage dich, ob sie deinem Ziel noch dienen oder nur deinem Wunsch nach Sicherheit.

30. <u>Juni</u>

Geschehen lassen.
Eintauchen in das Größere.

Um aus der Tiefe des eigenen Seins
über sich selbst hinauszuwachsen.

Was kannst du heute geschehen lassen?
Und ein Stück mehr über dich selbst hinauswachsen?

Ich wünsche dir, dass jeder Tag in diesem Jahr dich näher zu dir selbst führt.

Und zu einer wunderbaren Freundschaft mit dir selbst.

Meinen Blog, Bücher, Coaching-Angebote und Online-Kurse findest du auf:
www.alexandracordes-guth.de

Wenn du dir weitere Gute Gedanken für jeden Tag wünschst: Es gibt die Tagestexte auch für die anderen Monate des Jahres.

Band 1 – Januar bis März - Innehalten

Band 2 – April bis Juni - Aufblühen

Band 3 – Juli bis September – In Fülle leben

Band 4 – Oktober bis Dezember – Innere Kraft

Zu vielen Tagestexten gibt es auch Videos auf meinem You Tube Kanal unter Alexandra Cordes-Guth – Gute Gedanken für den Tag.

Und wenn du mehr von mir lesen möchtest:

Dieses Buch hilft dir, eine liebevolle Freundschaft mit dir selbst zu beginnen und echte **Selbstliebe** zu entwickeln. Die **Glückskind-Strategie** zeigt dir, wie du deine Selbstzweifel überwindest, deinen inneren Kritiker leiser werden lässt und dein volles Potenzial entfaltest.

https://alexandracordes-guth.de/buch-die-glueckskindstrategie/